AF358889

RENAUD DE MONTAUBAN

OU

AMOUR ET HONNEUR,

PANTOMIME CHEVALERESQUE ET FÉERIE,

EN TROIS ACTES A GRAND SPECTACLE,

PAR MM. ALEXANDRE DE M*** ET MAGNIAUDÉ,

Mise en Scène par M. Eugène Hus

Musique composée et arrangée par M. LOUIS;

Divertissements par M. GODET; Combats par M. ST.-MARTIN.

Représentée, pour la première fois, sur le Thédtre du Cirque Olympique, le 21 décembre 1811.

DE L'IMPRIMERIE DEVERAT, RUE SAINT-SAUVEUR, N°. 41.

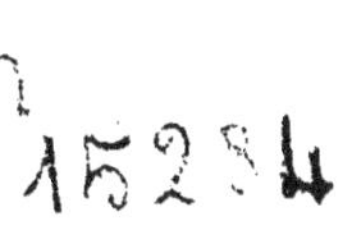

PARIS,

CHEZ BARBA, LIBRAIRE, PALAIS-ROYAL,

DERRIÈRE LE THÉATRE FRANÇAIS, N°. 51.

1811.

INTRODUCTION.

CHARLEMAGNE est occupé en Italie a combattre les Sarrasins ; il a perdu la moitié de son armée ; le nombre des ennemis l'a emporté sur la valeur ; il attend avec impatience le retour de Renaud qu'il a dépêché en France, pour chercher des troupes.

Pendant ce temps, Mambrin, roi d'Arménie, lui a envoyé des Ambassadeurs pour lui demander la main de Clarisse, Princesse de Guyenne, de laquelle il est amoureux, en lui proposant de l'aider a se débarrasser de ses ennemis, s'il lui accorde la Princesse, et le menaçant de se joindre a eux en cas de refus.

Charlemagne est très-embarrassé ; Clarisse est promisse a Renaud ; s'il ne l'accorde au Roi d'Arménie, il s'attire un ennemi puissant de plus ; après avoir délibéré avec son conseil, il consent a tout.

(Ici commence l'action.)

PERSONNAGES. ACTEURS.

CHARLEMAGNE, Empereur d'Occident...M. CHEVALIER.
CLARISSE, Princesse de Guyenne.........Mad. BELLEMENT
RENAUD DE MONTAUBAN. Amant de
    Clarisse..M. VISSOT.
MAMBRIN, Roi d'Arménie, Amoureux de
    Clarisse....................................M. DUMOUCHEL.
MAUGIS D'AIGREMONT, Cousin de Re-
    naud, fameux Magicien.................M. ST.-MARTIN.
LUCINE, Tante de Mambrin, Magicienne.Mlle. LETELLIER.
UBALDE, Écuyer de Renaud...............M. BODOT.
RAYMOND, autre Écuyer de Renaud.....M. HOCHET.
Général des Sarrasins......................M. LÉGER.

Paladins Français......................... MM. { ADOLPHE. / LA HAYE. / BOUISSENT. / THYNS.

Démons .... MM. { GODET. / MARCHAND / DAUMONT.

Femmes de Clarisse........................Mesde. { CAROLINE. / RICHER.

Suite de Lucine.

Génies....................................Mesd. { M. MORAND. / DORTHÉ. / JULIE. / GRIVA. / THERÈSE.

Armée française.
Armée des Sarrasins.
Armée des Arméniens.

RENAUD DE MONTAUBAN,

ou

AMOUR ET HONNEUR,

PANTOMIME A GRAND SPECTACLE.

ACTE PREMIER.

(Le Théâtre représente des arbres, des colonnes, des rochers : sur la gauche, le Trône de Charlemagne.)

SCENE PREMIERE.

L'EMPEREUR tient conseil avec ses principaux officiers. Maugis d'Aigremont, fameux enchanteur et cousin de Renaud, est debout à ses côtés.

Il confère sur l'expédition qui l'occupe contre les Sarrasins ; il vient de faire de grandes pertes, il faut les réparer ; mais il a besoin de secours.

Le Roi d'Arménie lui offre de faire alliance avec lui, à condition qu'il lui donnera la main de Clarisse, princesse de Guyenne. Charlemagne déroule cette légende :

Mambrin m'offre son alliance, et demande la main de Clarisse.

Tous les Chevaliers gardent le silence. Maugis seul, indigné, se permet quelques observations; l'Empereur l'arrête. Le salut de la France dépend de cette alliance; il faut s'y résoudre : il attend le Prince aujourd'hui même.

Sur ces entrefaites, on annonce l'arrivée de Mambrin. Maugis sort pour ne pas être témoin de l'entrevue, et manifeste le dessein qu'il a de défendre les droits de son cousin Renaud.

SCENE II.

Mambrin arrive à la tête d'une troupe de cavaliers. Il précède Lucine, sa tante, magicienne, portée sur un palanquin et suivie de ses femmes. Apercevant l'Empereur, il met pied à terre et s'incline devant lui. Charles le relève : les deux Souverains s'embrassent. Mambrin présente sa tante à l'Empereur, qui ordonne qu'on amène Clarisse.

SCENE III.

Clarisse paraît. Charles la prend par la main et la présente à Mambrin, qui la salue. Ce dernier s'adresse aussitôt à l'Empereur, et lui demande de permettre que les gens de sa suite exécutent un divertissement. Charles y consent.

FÊTE.

SCENE IV.

Le divertissement fini, Mambrin se jette aux pieds de Clarisse et lui délare son amour. Clarisse étonnée, cherche à lire dans les yeux de l'Empereur. Cependant elle se remet, et refuse l'hommage de Mambrin.

Charles lui ordonne d'accepter le Roi pour son époux. Clarisse s'élance à la table du conseil, et trace ces mots qu'elle lui présente :

Vous m'avez promise à Renaud.

Elle supplie l'Empereur de tenir sa parole. Charles est attendri ; mais la présence du roi d'Arménie soutient sa fermeté. Il fait entendre à Clarisse que par cet hymen elle sauvera la France. Elle insiste. Il ordonne impérieusement, et sortant avec Mambrin, à qui il confirme cette alliance, il la laisse à ses réflexions.

SCENE V.

Clarisse, restée seule, se livre à sa douleur. Hélas! Renaud éloigné d'elle ne peut la défendre. Un Ecuyer paraît. Il porte cette légende qu'il plante en terre.

Aujourd'hui Clarisse épousera Mambrin.

Clarisse voit cette fatale inscription; quel coup de foudre ! Cependant son courage se ranime ; promise à Renaud, elle osera tout pour se conserver à lui, pour être digne d'un héros. Mais quel moyen employer ? elle est est seule et sans secours.

SCENE VI.

Maugis a été témoin de sa douleur et de sa résolution. Il se présente tout-à-coup à elle. Clarisse se jette dans ses bras et lui montre l'inscription. Il sait tout; il la rassure et vient lui offrir son secours. Il lui remet une étoile de diamants qu'il porte suspendue à son col, et lui ordonne d'en toucher trois fois un rocher qu'il lui montre. Clarisse obéit. Le rocher s'ouvre et laisse voir une entrée resplendissante de lumières. On lit cette inscription :

Séjour de la tranquillité.

Maugis lui fait entendre qu'il va la conduire dans un lieu où elle n'aura plus rien à redouter. Elle hésite un moment : mais Maugis ne peut la tromper ; c'est le cousin, l'ami de Renaud ; son pouvoir est connu ; et d'ailleurs tous les moyens sont bons, s'ils peuvent empêcher cet horrible hymen. Elle donne sa main à Maugis. Ils entrent tous deux dans le rocher qui se referme aussitôt.

SCENE VII.

Cependant Charlemagne et le roi d'Arménie reviennent ; ils sont conduits par l'espoir de trouver Clarisse résignée. Leur surprise est extrême en ne l'apercevant pas.

Charles donne l'ordre de chercher la Princesse et de l'amener à l'instant. Inquiétude de Charles, fureur de Mambrin.

Un écuyer revient : on ne sait ce que la Princesse est devenue, on a cherché vainement. Mambrin ne se possède plus : Charles, commandant à sa propre colère, parvient à calmer Mambrin ; il va donner les ordres les plus sévères pour retrouver la Princesse.

SCENE VIII.

Mambrin s'abandonne à toute la rage d'un amant outragé.

SCENE IX.

Les officiers et Lucine déja instruits de l'évènement, arrivent auprès de lui : il ordonne à ses écuyers de courir de tous côtés à la poursuite de Clarisse ; il reste seul avec sa tante.

SCENE X.

Il la conjure de lui prêter les secours de son art, pour retrouver celle qui l'enflamme.

Lucine va d'abord savoir ce qu'elle est devenue ; elle fait des conjurations ; aussitôt un griffon traverse les airs, il porte une légende sur laquelle on lit :

Clarisse a été enlevée par l'enchanteur Maugis.

Lucine est consternée ; tout son art ne peut rien contre Maugis. Mambrin est désolé de cette nouvelle ; mais tout à coup Lucine le console, elle a trouvé un moyen de s'emparer de Clarisse : Mambrin la presse de s'expliquer ; elle continue les conjurations ; d'épais nuages descendent ; la terre s'ouvre, et du milieu des flammes on voit sortir des démons. Lucine leur donne des ordres, et ils amènent bientôt un superbe cheval et une armure complette.

Le cheval est semblable en tout au fameux Bayard, coursier de Renaud.

L'armure imite celle de ce fier paladin.

Lucine engage son neveu à revêtir l'armure, à monter le coursier, et à se laisser guider par lui ; il saura le conduire dans les lieux qui recèlent la *Renaud de Montauban.*　　　　2

Princesse ; alors il dépendra de l'adresse de Mambrin de s'en emparer.

Celui-ci comblé de joie, remercie sa tante, et suit les démons. Le ciel reprend sa sérénité, Lucine rentre.

SCENE XI.

On entend des fanfares, elles annoncent le retour de Renaud, plusieurs officiers viennent au devant de lui.

Ce paladin paraît monté sur son fidèle Bayard, et environné de plusieurs Chevaliers.

Tous sont consternés ; personne n'ose lui apprendre ce qui se passe.

Frappé de cette consternation, il interroge enfin, on lui montre l'inscription placée au fond de la scène.

Renaud reste immobile, glacé d'étonnement. Comment ! son Empereur manquerait à sa parole ? Il méconnaîtrait ses services au point de le trahir dans ses plus chers intérêts ? Non, tant que son bras conservera la force de lever son épée, cet odieux hymen ne s'accomplira pas.

SCENE XII.

L'empereur arrive. Renaud se jette à ses pieds. Charles le relève et l'embrasse. Renaud lui rend compte de sa mission ; il lui ramène de France les renforts qu'il a demandés. L'empereur le remercie affectueusement. Cet accueil rassure un peu Renaud, mais il veut savoir la vérité ; il montre à Charles l'inscription. Charles lui confirme avec embarras cette alliance. Renaud alors ne garde plus de mesures; il s'oublie jusqu'à menacer.

L'empereur offensé ordonne au Paladin de ne se présenter devant lui, que lorsqu'il sera rentré dans le respect qu'il lui doit. En vain les chevaliers veulent excuser Renaud, Charles est inexorable, Renaud doit obéir. Celui-ci remonte avec fureur sur Bayard, et s'éloigne suivi de ses écuyers, en jurant de se venger.

Fin du premier acte.

DEUXIÈME ACTE.

(Le Théâtre représente un Jardin ; dans le fond une Montagne au haut de laquelle est une tour ; sur le devant à droite, Bosquets, Statues, Bancs de verdures.)

SCENE PREMIERE.

Maugis paraît avec Clarisse et deux femmes qui doivent la servir. Il lui fait voir sa nouvelle habitation. Clarisse remercie son libérateur; la beauté des lieux l'enchante. Ce dernier l'engage à chasser toute tristesse et à s'en rapporter à lui, pour être réunie bientôt au digne chevalier qui possède toute sa tendresse. Il l'embrasse et se retire.

SCENE II.

Clarisse parcourt de nouveau les lieux charmants où elle se trouve. Elle est bien, mais que pensera Renaud lorsqu'il apprendra sa disparition? Il l'excusera sans doute, lorsqu'il en connaîtra le motif.

Toute occupée de cette idée, elle arrive auprès du berceau qui couvre la statue de la Fidélité. Cette vue ranime son courage; elle jure d'être fidelle à son amant.

Elle ne veut, elle ne doit s'occuper que de lui. Elle ordonne à ses femmes de lui apporter des crayons, des pinceaux, tout ce qu'il faut pour peindre. Elle tracera sur la toile les traits chéris qu'elle porte dans son cœur. Cet aimable travail fera distraction à sa mélancolie et charmera la longeur des instants qu'elle doit passer encore loin de Renaud.

Elle est obéie : désirant être seule, ses femmes se retirent.

SCENE III.

Elle se met à peindre ; mais bientôt le bruit du galop d'un cheval la distrait ; elle se lève, croit reconnaître dans l'éloignement, Bayard, le coursier de Renaud ; son cœur palpite ; mais quelle est sa joie, lorsque ses yeux lui confirmant le témoignage de son cœur, lui montrent R même.

SCENE IV.

Mambrin sous l'armure de Renaud, arrive ; il aperçoit Clarisse ; celle-ci s'élance ; elle est dans les bras de celui qu'elle croit son amant ; Mambrin la presse avec ivresse sur son cœur.

Cependant après les premiers épanchemens de tendresse, Clarisse examine le Chevalier ; son cœur semble lui dire que ce n'est point Renaud, elle éprouve une contrainte qu'elle ne peut définir.

Mambrin faisant peu d'attention à l'espèce de répugnance que témoigne Clarisse, lui dit que puisque le destin les a réunis, il ne veut plus se séparer d'elle, et qu'il faut que des nœuds indissolubles les unissent à jamais ; il l'engage à le suivre à l'instant même ; il a vu dans le voisinage un saint ermitage qui pourra sanctionner leur union ; et leur leur bonheur est désormais assuré.

Clarisse hésite malgré elle ; Mambrin qui ne

veut pas qu'elle lui échappe, la prend par la main *assez brusquement*. Ce mouvement alarme Clarisse. Elle oppose de la résistance. Membrin, ne se possédant plus, est prêt à l'enlever de vive force.

Mais Maugis qui veille toujours sur Clarisse, vient d'être témoin de cette scène du haut de la tour du château; il étend sa baguette magique : un coup de tonnerre éclate; le charme cesse, et le Roi d'Arménie, quittant la forme de Renaud, paraît sous ses propres traits.

Clarisse, saisie d'effroi, veut fuir; mais elle tombe mourante aux pieds de la statue de la Fidélité.

SCENE V.

Mambrin furieux de cet évènement, appelle deux écuyers qui, cachés aux environs, attendaient ses ordres; ils entourent Clarisse. Mambrin se jette à ses pieds; il la conjure de pardonner à la violence de son amour, la supercherie dont il vient de se servir. Clarisse le repoussa avec horreur, et embrasse la statue. Mambrin, au comble de la rage, ne garde plus aucuns ménagemens; aidé de ses écuyers, il arrache Clarisse du pied de la statue : l'infortunée est au pouvoir de son ravisseur...

SCENE VI.

Au même instant, un chevalier accourt à toute bride, c'est Renaud. Ubalde et Raymond suivent de près leur maître. Maugis a guidé invisiblement leurs pas; ils s'élancent sur les ravisseurs, leur enlèvent Clarisse, se mettent au-devant d'elle, et font tête à Mambrin, qui, réuni à ses écuyers, veut ressaisir sa proie. La lutte est bientôt terminée, Mambrin et les siens sont obligés de fuir et d'abandonner leur victime.

SCENE VII.

Quel bonheur pour Clarisse! Renaud est son libérateur. Elle se jette dans ses bras en versant des larmes délicieuses de tendresse et de reconnaissance.

Renaud ordonne à ses Ecuyers de veiller aux environs, dans la crainte de surprise. Ils sortent.

SCENE VIII.

Renaud et son amante vont se reposer sur un banc de verdure. Clarisse lui raconte tout ce qui lui est arrivé. Renaud est transporté d'indignation; mais bientôt il oublie tout pour ne songer qu'à son amour ; il a retrouvé sa Clarisse , qui, ainsi que lui, ne pense pas même à Maugis , Maugis qui a tout fait pour eux !...

Mais celui-ci, dont cette petite ingratitude ne diminue point l'obligeance , veut cependant connaître jusqu'où la passion peut emporter le héros. S'il renonce à l'honneur , à la gloire, aux devoirs les plus sacrés , il est indigne de sa protection, de ses bienfaits , de Clarisse même; il va le mettre à l'épreuve. Il donne un signal.

SCENE IX.

Des Lutins , sous la forme de Bergers, de Bergères et d'Enfans, arrivent dans ce lieu charmant, et déposent leurs offrandes aux pieds de la statue de la Fidélité. Feignant d'être surpris de voir le Chevalier et son Amante, ils leur offrent des bouquets, et les invitent à partager leurs plaisirs.

DIVERTISSEMENT ANALOGUE.

SCENE X.

Ce spectacle a mis Renaud hors de lui. Il est plus que jamais transporté d'amour ; en vain Clarisse lui rappelle sa patrie, son empereur. La gloire ne touche plus son cœur ; son âme est ulcérée contre son empereur : il ne respire plus que pour Clarisse ; elle sera désormais tout pour lui. Il conçoit le projet de passer avec elle une vie heureuse dans ces lieux paisibles. En même temps il trace ces mots sur un arbre qui est près du banc de verdure :

Loin des cours, passons ici une vie heureuse.

Un amant est si éloquent ! Clarisse ne peut résister ; elle promet à Renaud de ne pas le quitter ; elle trace ces mots :

La mort même ne pourra nous séparer.

Renaud est ivre de joie ; il saisit une main de Clarisse et la presse sur son cœur. . . . .

SCENE XI.

Tout - à - coup le ciel s'obscurcit, le tonnerre gronde, un Chevalier couvert d'armes noires paraît sur un char traîné par des dragons. Il sépare les deux amans : Clarisse est prête à s'évanouir ; Renaud veut voler à son secours : ses pieds ne peuvent se détacher de terre ; son état est affreux.

Le Chevalier noir lui reproche sa faiblesse ; il lui fait honte de vouloir sacrifier l'honneur et la gloire à son amour.

Un poteau sort de terre avec cette inscription :

Tu as manqué à l'honneur ;
Tu ne reverras Clarisse que lorsque tu seras
digne d'elle.

Renaud est accablé de honte ; il n'ose lever les yeux. Le Chevalier noir disparaît, emmenant Clarisse qui tend inutilement les bras à Renaud.

TABLEAU.

SCENE XII.

Cependant l'écuyer Ubalde, après avoir parcouru les environs, revient trouver son maître. Son étonnement est extrême en apercevant l'inscription : il s'approche de Renaud, qui lui exprime son désespoir. Ubalde ne craint point de parler à son maître le langage de l'onneur. « Votre Empereur réclame votre bras, lui dit-il ». Renaud l'écoute. Peu-à-peu il s'enflamme : il sera digne de Clarisse. Il part, résolu de sauver son pays et de mériter son amante.

Fin du deuxième acte.

TROISIÈME ACTE.

(Le Théâtre représente un bois sombre.)

SCENE PREMIERE.

Quelques partis de l'armée française paraissent ; après avoir examiné les lieux , ils se partagent et se mettent en embuscade.

SCENE II.

Des Sarrasins viennent à la découverte : ils fouillent une partie du bois. Ils n'ont rien aperçu ; ils sont fatigués et mécontens ; ils témoignent à leur chef le désir de se raffraîchir et de se reposer dans ce lieu : il y consent. Ils mangent et boivent les provisions qu'ils ont apportées avec eux et se livrent à la joie.

SCENE III.

Les Français les surprennent , taillent en pièces tous ceux qui veulent faire résistance , et font les autres prisonniers. Ils sont prêts à les emmener ,

SCENE IV.

Lorsqu'ils aperçoivent plusieurs cavaliers accourir ; craignant une nouvelle attaque , ils se préparent à la soutenir.

Mambrin paraît suivi de ses deux écuyers. Il se fait reconnaître , et dit au chef qu'il peut annoncer

à Charlemagne son prochain retour. Les Français
sortent ainsi que les deux écuyers.

SCENE V.

Mambrin, resté seul, se livre au plus affreux
désespoir; il vomit mille imprécations contre Renaud et son amante qu'il devoue à la mort, si
jamais il peut les retrouver; il accuse les Ecuyers
de lâcheté; sa tante même le trompe; si son art est
réel, elle devait tout prévoir, tout empêcher;
enfin sa fureur est à son comble.

SCENE VI

Lucine sort du sein de la terre, et se présente
tout à coup devant lui. Mambrin, dont la rage ne
connaît point de bornes, lui adresse directement
les mêmes reproches.

Celle-ci, plus calme, sourit de ses fureurs et
parvient à l'appaiser en l'assurant qu'elle est prête
à tout faire pour lui rendre Clarisse. Revenu à
la raison, le farouche Arménien s'excuse; son
amour est extrême, sa tante doit lui pardonner,
mais quel parti prendre?

Tous deux alors méditent en silence sur les
moyens de réussir.

Mambrin le premier explique son projet; dans
son âme atroce, il a juré la perte de Charlemagne,
des Français, de Renaud, du monde entier.

Il va faire un traité avec les Sarrasins pour sur-
prendre les Français.

Sa tante l'approuve, ils s'applaudissent tous deux

de ce dessein et en attendent les plus heureux résultats pour leur vengeance. Lucine assuré son neveu qu'elle sera toujours prête à le secourir.

SCENE VII.

Cependant le Général des Sarrasins instruit par quelques fuyards de la déroute des siens, accourt furieux pour tâcher de reprendre les prisonniers; il paraît dans le fond de la forêt.

Mambrin l'aperçoit, l'appelle; c'est lui qui doit servir sa vengeance; il s'en fait reconnaître, et lui offre de tourner ses armes en sa faveur. Le Sarrasin est transporté de joie; Mambrin lui explique son projet; il va retourner auprès de Charlemagne dont il aura l'air de défendre la cause, et au moment où les Sarrasins sonneront l'attaque, lui et les siens abandonneront les Français et se réuniront à eux pour accabler ces fiers ennemis.

Mambrin et le Général Sarrasin se font mutuellement serment de fidélité, et surs de réussir, ils se séparent en témoignant leur contentement.

(Le Théâtre change et représente les avant-postes du camp de Charlemagne.)

SCENE VIII.

Charlemagne vient visiter ses avant-postes; il paraît inquiet; l'éloignement de Renaud qu'il aime, affecte son cœur sensible et magnanime; il maudit la circonstance qui l'a forcé à lui refuser Clarisse; il ne sait aussi que penser de l'absence de Mambrin.

SCENE IX.

Les Soldats français lui amènent les prisonniers

qu'ils ont faits dans le bois, et en même temps lui annoncent le retour de Mambrin.

SCENE X.

L'Arménien paraît en effet, il ne dissimule point sa rage; il raconte à Charlemagne qu'il avait retrouvé Clarisse; mais que Renaud est parvenu à la lui enlever; il demande une vengeance éclatante; Charlemagne la lui promet.

Les deux Princes assemblent leurs troupes, et les font manœuvrer.

Mambrin saisit un instant favorable et donne des ordres particuliers à ses chefs.

Les troupes manœuvrent.

SCENE XI.

Un Officier accourt annoncer que les Sarrasins ont forcé les premiers retranchemens, et s'avancent de toutes parts.

Charlemagne se prépare à la défense et range troupes.

Mambrin en fait autant, mais il les dispose de manière à pouvoir envelopper Charles lui-même et ses paladins; il laisse éclater des signes d'une joie féroce.

SCENE XII.

Les Sarrasins attaquent, les Français soutiennent leur choc avec le plus grand courage; mais au fort de la mêlée, Mambrin poignarde l'officier qui porte l'étendard impérial, et tombe aussitôt sur les Français avec ses soldats.

Les Français surpris de cette attaque imprévue, et accablés par le nombre, plient; le désordre est dans leurs rangs; ils ne peuvent resister; la fuite est leur unique ressource.

Charlemagne resiste seul avec une faible troupe de Chevaliers qui se jettent intrépidement au devant de lui, et lui font un rempart de leurs corps.

Mais malgré tout leur courage, il sont prêts à succomber. Charles lui-même court le plus grand péril.

SCENE XIII.

Renaud, suivi de ses écuyers et de quelques braves qu'il a ralliés, s'élance sur le champ de bataille; tout se disperse, tout fuit devant lui.

Renaud à sauvé son souverain; et bientôt appercevant Mambrin, qui tient encore en main l'étendard impérial, signe honteux de sa noire trahison, il court à lui, le lui arrache, aidé de ses deux écuyers, qui sont prêts à percer l'arménien de mille coups.

SCENE XIV.

Mais Renaud, trop grand pour devoir la mort de son rival à d'autres secours qu'à sa valeur, arrête les glaives dirigés contre lui. Il court se jeter aux pieds de Charlemagne, qui le relève avec bonté; tout est oublié. Renaud supplie l'Empereur de lui accorder la permission de combattre à outrance le Roi d'Arménie. Charles y consent.

Les troupes se rangent dans le fond, et laissent le champ libre aux deux rivaux.

Un combat terrible s'engage. Après une résistance héroïque, Mambrin est renversé : Renaud lui accorde la vie; mais l'Arménien qui ne respire que la vengeance, se relève, tire un poignard caché et va pour frapper Renaud. Renaud voit la trahison; il lève sa terrible épée, c'en est fait du Roi d'Arménie...

SCENE XV.

Lorsque Lucine paraît sur un nuage, elle étend sa baguette. Tout-à-coup sortent de terre trois démons armés de pied en cap, et tenant des épées flamboyantes. Ils couvrent et sauvent Mambrin, et tous ensemble fondent sur Renaud; chacun frémit. Charlemagne veut s'élancer au milieu des combattans; une barrière de feu l'empêche d'avancer, et le sépare de Renaud, qui reste à la merci des quatre assaillans. Malgré sa bravoure, le danger l'étonne; il commence à plier.

SCENE XVI.

Le tonnerre gronde. Un Chevalier noir, le même qui a enlevé Clarisse, se présente; il est accompagné de trois Chevaliers, couverts d'armures blanches et armés de lances d'or; ils se précipitent sur les assaillans de Renaud.

Lucine paraît consternée. Le Chevalier noir la menace; aussitôt la foudre éclate, écrase Lucine. Les trois démons sont précipités dans le gouffre qui les a vomis, et Renaud porte le coup mortel à Mambrin.

SCÈNE XVII.

Tout le monde entoure le Chevalier noir ; il relève la visière de son casque : c'est Maugis.

Renaud se jette dans ses bras. Charles lui témoigne sa satisfaction.

Cependant Clarisse n'est point encore rendue a son amant. Renaud regarde autour de lui avec inquiétude ; ses yeux s'arrêtent sur Maugis, qui sourit et étend la main.

SCENE XVIII ET DERNIERE.

Clarisse entourée de Nymphes et d'Amours, paraît sur des nuages ; au-dessus de sa tête on voit cette inscription :

L'Amour ne doit jamais l'emporter sur l'honneur.

Les nuages s'abaissent. Clarisse est enfin rendue aux vœux de son amant. Ils tombent tous deux aux pieds de Charlemagne, qui les relève et les unit.

TABLEAU GÉNÉRAL.

FIN.